EXERCICES

FRANÇAIS.

Les formalités légales ayant été remplies , tout exemplaire non revêtu de ma signature, sera réputé contrefait.

Prix : 50 centimes, broché.

OUVRAGES du même Auteur.

GRAMMAIRE FRANÇAISE, rédigée sur un nouveau plan , avec une liste alphabétique des noms composés, de tous les verbes irréguliers et défectifs, etc. Prix : 1 fr.

CORRIG ÉDES EXERCICES FRANÇAIS sur l'Orthographe, la Syntaxe, les Signes orthographiques et la Ponctuation. Prix : 5o c.

CES OUVRAGES SE TROUVENT :

Chez l'Auteur , à *Moreuil* (Somme) ;

M. Leroux, Libraire à *Montdidier* ;

M. Petit, Maître de Pension à *Brienne-le-Château* (Aube).

EXERCICES

FRANÇAIS

SUR

L'ORTHOGRAPHE,

LA SYNTAXE, LES SIGNES ORTHOGRAPHIQUES ET LA PONCTUATION.

Par R. L. D. Floury,

Bachelier ès-Lettres de l'Académie de Paris,
ex-Maître de Pension.

MONTDIDIER,

IMPRIMERIE DE RADENEZ.

—

1837.

PRÉFACE.

Depuis long-temps on se plaint des nombreuses imperfections dont sont remplies les Cacographies. Les fautes énormes et grossières qui fourmillent dans chaque page, dans un seul mot même, sont plus propres à faire commettre des fautes d'orthographe qu'à donner le moyen de bien écrire les mots. Et un autre défaut non moins grand de ces cacographies, c'est que l'ordre grammatical n'est nullement suivi, et que l'on n'y trouve pas même d'exercices sur la moitié des règles. C'est pour remédier à ces inconvénients que nous présentons au Public ces **EXERCICES FRANÇAIS.** Il est juste de lui rendre compte en peu de mots de ce qui les distingue de tous ceux qui ont paru jusqu'aujourd'hui.

1°. Nous avons distingué deux sortes d'Exercices. Les premiers sont faits sur la deuxième partie de notre Grammaire, c'est-à-dire sur la formation du pluriel des substantifs, sur l'article, sur la formation du féminin dans les adjectifs, etc. Les autres sont faits sur la troisième partie de notre grammaire, c'est-à-dire sur la syntaxe du substantif, sur l'emploi de l'article, de l'adjectif qualificatif, etc., etc.

2°. Nous avons suivi l'ordre grammatical, en calquant successivement nos exercices, non seulement sur chaque règle, mais encore sur chaque n°. de notre grammaire, de sorte que le Maître trouvera des dictées toutes faites et graduées selon les forces de l'enfant, qui n'aura qu'à corriger *le seul mot* dont il sera question dans la règle sur laquelle l'exercice aura été fait.

3°. Après avoir divisé nos exercices en deux parties, nous les avons terminés par deux récapitulations générales, qui obligeront les élèves à se rendre compte de ce qu'ils auront fait d'après chaque règle en particulier, et qui offriront au Maître le moyen de s'assurer de leur dégré d'instruction.

4°. Enfin nous avons terminé cet ouvrage par d'autres exercices sur les signes ortho-graphiques et sur la ponctuation.

EXERCICES
FRANÇAIS.

PREMIÈRE PARTIE.

CHAPITRE PREMIER.

EXERCICES
SUR LA FORMATION DU PLURIEL DES SUBSTANTIFS.

Voir ma Grammaire, nº. 76-142 compris.

A faire mettre au pluriel par l'élève.

76. L'accès, l'avis, le bras, la brebis, le choix, le corps, la chaux, le gaz, le matelas, la noix, la perdrix, la souris.

A faire corriger par l'élève.

77. La faim, les soifs, l'humanité, les jeunesses, les ors, les argents.

78. L'Alpe, les Ardennes, l'entraille, les funérailles, la mœurs, l'obsèque, le pleurs, la ténèbre, l'annale.

A faire mettre au pluriel par l'élève.

79. L'anneau, l'agneau, le bureau, le boyau, le caïeu, le château, le couteau, l'étau, l'essieu, le fléau, le fuseau, le museau, le milieu, le noyau, l'ormeau, le poteau, la peau, le poireau, le ruisseau, le seau, le sceau, le taureau, le troupeau, le vaisseau, le veau.

80. Le bijou, le cou, le coucou, le chou, le clou, le caillou, l'écrou, le fou, le genou, le hibou, le joujou, le licou, le matou, le trou, le verrou.

81. L'aval, l'arsénal, l'amiral, le bocal, le bal, le cardinal, le capital, le canal, le carnaval, le cristal, le caracal, le chacal, l'étal, le journal, le mal, le métal, le régal, le signal, le serval (animal), le tribunal.

82. L'attirail, l'ail, le bétail, le bail, le camail, le corail, le détail, l'émail, l'éventail, le fermail, le gouvernail, le mail, le poitrail, le vitrail.

83. L'âme, l'autel, le boulanger, le banc, le ban, le charron, le charpentier, la charrue, le crayon, le contour, la douleur, l'épi, l'éclair, le grain,

l'hôtel, la herse, l'incendie, le jardin, la lumière, le légume, le maire, la mère, la mer, le mur, le nœud, l'œuf, l'ognon, le pain, le raisin, la vache.

A faire corriger par l'élève.

84. Le soleil blesse les œils. Fermons les œils sur les défauts d'autrui. Il a des œils d'Argus. Trois douzaines de poires à deux yeux. La maison n'est éclairée que par des yeux de bœuf. La fureur était allumée dans ses yeux. Ses œils se couvrent des ombres de la mort.

85. Les cieux de ce tableau sont beaux. Les ciels de ces lits sont superbes. La voûte des ciels est parsemée d'étoiles. C'est dans les pays chauds, sous les cieux heureux, que l'on élève les vers-à-soie. L'hommage de nos cœurs n'est dû qu'au roi des ciels.

86. Il a encore ses aïeux, et moi je n'ai plus que des aïeuls. Personne ne manquait à notre noce, nos aïeux y étaient. Nos aïeuls étaient plus vertueux que nous.

87. On voit des travaux à la porte

des maréchaux. Ce ministre a quatre travaux par semaine avec le roi. Ses travails infatigables abrégèrent ses jours. Les malfaiteurs sont condamnés aux travails forcés. Cet ingénieur conduisait habilement les travaux.

CHAPITRE DEUXIÈME.

EXERCICES SUR L'ARTICLE.

89 et 90. Lamour, largenterie, la porte de la église, lAngleterre, larmée du roi, le vaisseau de lamiral, l'héros, l'haricot, lhonneur, lhéroïsme, lhomme, le jardin de le roi, la chambre de le fils, le travail de les écoliers, la bonté de la reine et de le roi, la couleur de le vin, l'obéissance à les lois, au frère et au sœur, la bonté du père et du mère.

CHAPITRE TROISIÈME.

EXERCICES
SUR LA FORMATION DU FÉMININ DANS LES ADJECTIFS.

91. La religion saint, l'eau bénit, le pain bénit, la femme sage et pru-

dent, l'entrée de la maison de Dieu est sacré, la France fécond en héros, la loi abrogée, l'eau clair, la mère désolé, la rose épanoui, la récompense promise, la fille chaste, la vie réglé, la vertu caché et méprisé.

92. L'histoire anciène, la robe pareile, la brebis grasé et grose, la personne gentile et bonne, la lionne cruèle, l'homme muet, la femme muète, la mère vieillote, la fille poltrone et douillète, la famille chrétiène, la fête solennelle, la condition nule, la vie éternèle, la mort cruèle, la femme vieile, le corps mortel, l'âme immortèle, la face vermeile, la femme discrette et inquiète, la fille sote et paysanne, la voix case, la table basse, la bière surette.

93. La flotte turcque, l'escadre grecque, la tête blance, la femme france, l'affaire publicque, la sœur caducque, la planche sec, la femme maître, traître et ivrogne, la fille nègre, la religieuse apothicaire du couvent, madame la chanoine, madame l'abbée, la femme pauvre, le

frère vif, la sœur vife, la mère veufe, la femme craintife, l'homme veuf, la faute grièfe, la planche longe et large, elle se tient coie, elle est la favorie d'une grande roie. La personne bénine, l'intention maline, la viande fraise, la société dissouse, la rose muscate, la langue hébreue, la tête fole, le nouvel habit, la nouvel robe, la mère douxe et vieile.

94. La partie antérieur, la sœur meilleur, la femme professeuse et graveuse, la fille brunisseuse, l'homme pécheur, la femme pécheure, la gouverneure d'enfants, la femme persécuteure, la fidèle serviteure.

97. La femme auteure et médecine, la fille grognonne.

A faire mettre au pluriel par l'élève.

98. Le chrétien patient, l'enfant sage, le père bon, le fils obéissant, la rose belle, l'armée victorieuse, le couteau blanc, la table ronde, le chien gros et gras, le mouton doux, l'écolier soumis et respectueux.

99. Le jardin beau, le jeu hébreux, l'œil bleu, le son aigu, l'oracle am-

bigu, le frère jumeau, le vin nouveau.

100. Le caporal brutal, le combat naval, le personnage théâtral, le poids égal, le précepte moral, le détail trivial, le juge impartial, le repas frugal, l'enfant bancal, le vent glacial.

CHAPITRE QUATRIÈME.

EXERCICES
SUR LE PRONOM.
A faire corriger par l'élève.

102. Les livres donts tu parles sont les miens. Mon papier est plus blanc que le tien, ma plume est plus belle que la siene. Aime mon fils autant que j'aime le tienne, chéris mes enfants comme je chéris les tiens. Ces enfants pour lesquel je m'intéresse sont malheureux. Sa robe est plus belle que la mien.

103. Je leur dirai ce que tu voudras, dis-leurs que je leurs souhaite le bonjour. Nous leurs avons dit que des enfants comme les leurs étaient plus aimables que des enfants comme les sien.

CHAPITRE CINQUIÈME.

EXERCICES SUR LE VERBE.

104. Je veut, tu aime, nous chantont. Un seul Dieu tu adorera, tu aimera ton prochain comme toi-même. Rend service à ton semblable. J'aimes les écoliers laborieux. Si tu continue à mener ce genre de vie, tu finira mal. Tous ceux qui penses ainsi sont estimables. Soit sincère. Elle dis. Les écoliers travailles.

105. Les enfants aime à jouer. Les avares aime l'or plus que la vertu. Ces pierres obstrues le passage. Ils ne salues personne. Il coupes les cordons de ses souliers. Tu dis que tu m'aiment, tu ne m'estiment pas. Ils disait souvent.

108. Nous sortîmes ce matin, et nous aperçûmes des hommes qui travaillaient dans les champs. Je reçus le mois dernier deux cents francs; je n'en reçus pas autant ce mois-ci. J'ai acheté l'année dernière deux chevaux que je vendis cette semaine

à mon voisin. Il arriva ce matin bien fatigué, et il repartit tout de suite. Je fis beaucoup d'affaires dans la première quinzaine de ce mois. J'ai éprouvé l'année dernière bien des accidents. Je lus ce matin cette maxime où Platon dit que l'espérance est le songe d'un homme éveillé.

119. Aimes tu? avons nous parlé? as tu raison? peux je faire autrement? tu-as-bien travaillé aujourd'hui? Cet enfant a-il mangé? travaille-je? parle-je bien? ne chante-je pas mieux? parle-il? parlera-on? ai je un livre pour lire? suis je content pour rire? ne suis je pas votre enfant? mens-je? dit-il? cours-je? sers-je? tais-je? rends-je? suis-je? dois-je? prends-je? vois-je?

126. Vengons celui qu'on outraga. La victoire balança long-temps. Nous logeâmes chez lui, nous y mangeâmes de bonne viande. Il obligeait tout le monde. Cette accusation outrageant notre famille, nous nous efforçâmes de la repousser. Partageons nos biens avec les pauvres. Nous lançâmes des flèches contre les assaillants. Protè-

gons les opprimés. Nous nous ména-
gons bien des peines en renonçant
aux vanités du monde. Recois la récompense de ta bonne action.

127. Cette mère éléve son enfant
dans la piété. Ils se proménent toute
la journée. Il a semé du blé dans son
champ. Il pése les marchandises qu'il
achéte. Il vous ménera où il doit vous
mener. Employons bien notre temps,
et nous nous proménerons ce soir. Si
tu l'emménes, tu le raméneras. Les
beautés infinies de la nature ménent
à l'idée de l'Etre-Suprême.

128. Nous considérons ce qu'il
considére. Il céle ce qu'il faut céler,
et il répéte ce qu'il faut répéter. Son
crime se décéle. Espérez-vous réussir?
-- Oui, j'espére réussir dans l'entre-
prise que je projéte. Cette vigne vé-
géte depuis long-temps. Que l'homme
considére son existance et les infirmi-
tés de la vie, et il se rappèlera son
néant.

129. Il épèle mieux aujourd'hui
qu'il n'a épelé hier. Il achette du bien
tous les jours. Il nivèle le terrain que

j'ai acheté. Il cachète sa lettre. Il carrèle ma chambre. Le loup se jète sur sa proie. Ma conscience me bourrelle, mes fautes se décellent. Il gellera demain. On les harcèle de toutes parts. Tout rappèle l'homme à ses devoirs.

130. Allons à l'église, afin que nous prions tous ensemble. Dieu nous bénirait si nous le prions avec ferveur. Vous criez bien fort il n'y a qu'un instant. Je vous prie de venir avec nous, afin que nous le supplions tous ensemble. Il délie ses gerbes, afin que nous les relions mieux. Quelle robe pliez-vous hier? Quand je le supplyais, il m'exauçait.

131. Jésus-Christ nous a fraié le chemin du ciel. Qui employe bien son temps ne s'ennuyera jamais. Il plancheye ma chambre. Nous nous tutoyons, quand nous étions au collège. Les chiens aboient quand on entre. Dans notre dernier voyage nous relayons de poste en poste et nous côtoyons les bords de la Loire. Il raye

deux mots mal écrits. Nous avions bien nettoyé les armes que nous essayons hier.

133. On loura toujours le dévouement de Léonidas. Il n'a pas étudié sa leçon, il l'étudira sans doute demain. Les écoliers perdent souvent leur temps. Je fumrai demain. J'espère que tu continuras de bien travailler. Ils noue les cordons de leurs souliers. Qui n'aimrait pas un si bon père? Je prirai chaque jour pour lui. Tu n'avouras donc jamais que ceux qui pense ainsi, pensent mal? Aimon Dieu et pardonnons à nos ennemis.

134 Ma sœur a été puni, elle sera plus modéré une autre fois. Ses livres sont lu et apprécié partout. Les enfants sages ont bénis du ciel. La bataille était presque perdu, lorque la présence du roi vint ranimer les soldats. Enfants, soyez unis, et que vos cœurs aient nourris de bonnes instructions! La république romaine eut sauvée plusieurs fois par l'éloquence de Cicéron.

135 Mon frère est tombé hier, ma sœur a tombée aujourd'hui. Mes belles

roses ont fleuri depuis huit jours. La foudre a tombé sur le clocher. Jésus a ressuscité le troisième jour. Il a arrivé le premier, ils sont arrivés les derniers. Ils ont parti aujourd'hui. Ils n'ont pas resté long-temps.

136. Je m'aurais cru coupable de ne pas vous en avertir. Tu t'as déshonoré pour la vie. Je m'ai soulagé en vous avouant ma faute. Les élèves de ce collège s'ont distingués au grand concours. Ces hommes se sont maltraité rudement, ils s'auraient tué, si les spectateurs ne s'y cussent opposé.

CHAPITRE SIXIÈME.

EXERCICES

SUR L'ADVERBE, LA PRÉPOSITION, LA CONJONCTION ET L'INTERJECTION.

139. Jusques ou as-tu-été? J'ai été jusque à la maison. J'irai encore jusque ici. Ce chapeau ne vous sied guères. Ou vont-ils? Il est arrivé plutôt que moi. Plus-tôt mourir que trahir son serment. Ne vous glorifiez pas du bien que vous faites; humiliez-

vous plus-tôt. Elle est déja loin. Allez la. Le lieu ou je vais est encore éloigné.

140. J'irai avecque lui, vous viendrez avecqu'elle. Il est a l'ouvrage des le matin. Quand a moi je partirai quand j'aurai le temps. Entr'elle et moi. Il à pris son manteau, et s'en est allé avecque. Ce livre est a moi des aujourd'hui. Je vais a la messe des le point du jour.

141. Quant viendrez-vous? - Quant je pourrai. Je serais bien content si il pouvait venir. On est heureux, quant on n'a rien a se reprocher.

142. Ha quel bonheur de vous voir ! Hé que je suis malheureux ! Eh ! accourez-donc.

CHAPITRE SEPTIÈME.

RÉCAPITULATION GÉNÉRALE.

1er. *Exercice.* La vivacité ou la langueur des œils fait un des principaux caractères de la physionomie.

Les Dieus dans leur séjour recurent ces grands hommes.

Le reste, confondus dans la foule
      ou nous sommes,
Jouissaient des travaux de leurs
      sages aïeuls.

Il à trois travails par mois avec le Préfet. Il ruinait encore les travails des assiégés, lorsque la mort l'interrompit au milieu de ses travaux. Le chapeau du fils, la robe du fille, la rose fané, la conduite dèshonorant et déréglé, la tour haut et ébranlé, le frère fatigué et la sœur trompé, les tableaus ternis.

2ᵉ. *Exercice*. La reine Arthémise combattait la première au milieu des générals grecs. Le banc long et la table long, la place publique. Les vestales étaient des prêtres de la déesse Vesta. Du temps de Philippe-le-bel, il n'y avait que les duchesses, les comtes et les barones qui eussent le droit de se donner quatre robes par an. La parole expressife, l'action décisife, l'entrevue longe, la louve aussi maline que le renard, la partie tierse, la pâte mole, la fille jumèle, la vieile Castille, l'affaire majeur, la fille mineur, la muraille extérieur, la femme compositrice et traductrice.

3ᵉ. *Exercice.* La femme accoucheure, la fille débiteure, l'habile chanteuse. Cette demoiselle est auteure d'une jolie romance. Son épée ensanglantée, trouvée dans la chambre du mort, fut une témoin muète contre lui. Les hommes prudent, les écoliers diligent, les soldat courageux, les prince vertueux, les rois bienfaisant. Si tu blâme sa conduite, il blâmeras la tien. Les choses donts je vous parles sont vraies. Si vous me demandez lequels de ces deux hommes est le plus heureux, je vous réponderai : C'est celle qui est le plus sage. Ils ont profité des leçons qui leurs ont été données. Si vous voyez mes frères, vous leurs direz que je les attends ici.

4ᵉ. *Exercice.* Elle dis qu'elle viendra nous voir. Aimes-la, car tu est son frère. J'aimerez toujours ma sœur. Il y à bien des années que je vous ai vu a Paris.

Ce que l'on conçoit bien s'énonce clairement.

Nous aperçûmes l'ennemi ravageant les campagnes. Obligons tout le monde. Il exauça mes prières. Il ménaga les deux partis en prononçant son discours. Abrégons ce récit qui afflige notre père. Nous lui traçâmes sa route. Nous l'ayons aperçu de loin. On se fait des amis en obligant tout le monde. Il nous méne promener deux fois par jour. C'est en vain qu'on essaye de prouver qu'il n'y à pas de Dieu. Si tu les effrayes, ils s'élanceront sur nous et ils nous dépéceront. Je vous achetterai des livres que j'espére avoir a bon compte.

5e. *Exercice.* Ils cédérent le champ de bataille aux vainqueurs. Si je ne renouvèle pas mon bail, j'achetterai une maison. Sa peau pelle. Il se rappèle avec attendrissement le séjour de son enfance. Il amoncèle des terres dans ces cavités pour niveler le terrain. Sa réputation chancelle, elle chancèlera long-temps. Priez avec ferveur aujourd'hui, afin que vous priez encore mieux demain. Il a délié nos gerbes, afin que nous les relions mieux. Nous Côtoyons les rivages de la fertile egypte, lorsqu'un vaisseau phénicien nous fit prisonniers. Je m'ennuyais hier de ne pas le voir, et je m'ennuye encore plus aujoud'hui. J'essayerai de mieux faire une autre fois. Il essaye de m'effrayer a son tour.

6ᵉ. *Exercice*. Je lourai toujours la conduite de ce jeune homme. Embelli les vieux jours de ton père par ton zèle pour la vertu, et la providence te béniras. Fui ceux qui parles mal de la vertu, évite leur compagnie avecque soin. Les enfants sages sont béni de Dieu. La vertu a toujours été respecté par ses ennemis mêmes. Les riches descendes comme les pauvres dans la tombe. D'ou vient-il? j'irai jusque au bois, et je me reposerai la. Dieu fit alliance avecque Abraham. Il a été a la ville ce matin. Auguste né à Rome, mourut a Noles à l'âge de soixante-seize ans. Les soldats reviendront triomphants. Les gouverneurs du roi de Perse s'appelait Satrapes.

7º. *Exercice.* Dracon était habile dans les lois divin et humain. Les anciens étaient riches en troupeaus, ils était habiles dans l'astronomie. Les Romains étaient allié aux Latins. Les bons conseils sont utile et nécessaire aux jeunes gens. Tous les Romains étaient propre a la guerre. L'ennemi ravagant les villes et les campagnes. Les anciens monuments de la ville de Rome plus puissant que Carthage. La mère est plus pieux que savant. Le renard est le plus rusé de tous les animals. Vous parlais et nous écoutont. Il lis et j'étudies. Aimont Dieu notre Créateur et notre père. Le sage loues la vertu et méprise les richesse. Tous les savants admires les ouvrages de Cicéron.

8º. *Exercice.* Les lois regardent la tranquillité public. Les enfants sages contentent leur parents et leur maîtres. Les magistrats sages étudiront les intérêts du gouvernement.

Un grand orage menace nos provinces. La famine menaçait les Juifs. Crésus, roi de Lydie, regorgait de richesses. Réjouissons nous du bonheur de nos frères. Dieu a donné la loi a Moïse, et Moïse la donna aux Israélites. Dieu menace les méchants des peines éternèles. Cèsar captif menaçait de la mort les pirates. Antiochus, philosophe grecque, enseignait les belles-lettres a Cicéron. Salomon a demandé a Dieu la sagesse.

9e. *Exercice.* Les bons princes aime et favorise les savants. Le genre humain a été submergé par le déluge universel. Il ne s'ennuye pas et il ne s'ennuyera jamais de vivre. Aujourd'hui vous vous ennuyez de l'étude, et un jour vous vous ennuyerez de l'oisiveté. Ils commençaient à s'ennuyer du travail. Pharaon commença bientôt à se repentir d'avoir relâché les Hébreus. C'est a nous à aimer et a respecter le prince. C'est a vous a vous acquitter de vos devoirs. Ces livres sont a lui, et ceux-ci sont les mien. Les jeunes gens aime à causer, a rire, a badiner et a jouer.

DEUXIÈME PARTIE.

CHAPITRE PREMIER.

EXERCICES

SUR LA SYNTAXE DU SUBSTANTIF.

Voir ma Grammaire, n°. 154-274 compris.

154. Les Didot et les Crapelet ont acquis la réputation des Élzevirs et des Aldes. Les deux Gaspards, les deux Edmons, les frères Bohrers. Les Dupui se sont alliés aux Dupuis. Les Augustes, les Mécènes, les Scipions, les Richelieux et les Condés vivaient familièrement avec les hommes de génie.

Les Corneilles et les Racine sont rares aujourd'hui.

Un coup-d'œil de Louis enfantait des Corneille.

La France a enfanté des César et des Cicéron.

155. Trois uns de suite font cent onze en chiffres arabes. Un bon aujourd'hui vaut mieux que deux demains. Voilà bien des pourquois. Les

sis, les mais, les cars, les doncs abondent dans les plaidoyers. Trois huit, trois neufs, quatre septs. On n'entend que des chuts. Plusieurs ques mal construits rendent une phrase équivoque. Je vous prie de m'envoyer deux Télémaques.

156. Il a présenté deux placets. Il termine toutes ses lettres par des post-scriptums. Les duo pour le violon sont fort estimés. On a arrêté dernièrement deux carbonaris qui mangeaient des macaronis. On rencontre partout des factotum. On voit beaucoup de tilbury à Paris. Je vous ai acheté deux jolis agenda. Il a obtenu deux accessit cette année. La prose que l'on chante le jour de Pâque commence et se termine par des alléluias. Ils ont subi des examen rigoureux.

157. Je lis toujours avec plaisir les chefs-d'œuvres de ce grand écrivain. Les contres-danse étaient gaies et belles. Les mauvais écrits sont les avants-coureurs de la révolution. Il faut des passes-port pour

voyager. Il vend des tires-bouchons, des portes-crayons et des portes-mouchettes. Ils ont tué deux portes-enseignes de ce régiment. J'ai vu hier vos belle-sœurs à Saint-Cloud ; elles étaient avec vos belle-mères. Il m'a fait deux-portes-manteau et deux pries-Dieu. Près des gardes-manger il y a toujours des essuies-mains. Elle me demande toujours des entres-côtes. Ils ont très-souvent des têtes-à-têtes. Les pic-grièches poursuivent les petits oiseaux. On ne voit plus de cents-suisses en France. L'hôpital des Quinzes-vingts, fondé par Saint Louis, est situé à Paris dans le faubourg Saint-Antoine.

158. 1er. *Exercice*. L'aigle romain faisait fuir les Gaulois. L'aigle de cette église n'est pas belle.

Quand l'aigle sut l'inadvertance,
Il menaça Jupiter
D'abondonner sa cour, d'aller vivre au désert,
De quitter toute dépendance.

Il n'est pas une aigle quoiqu'il compose de belles pièces. Les amours insensés perdent souvent les jeunes-gens. L'amour passionnée des plaisirs l'empêche de travailler.

Dieu venait à ce peuple heureux
Ordonner de l'aimer d'une amour
maternelle.

Trois belles couples de pigeons peupleront ma volière. Il m'a fait présent d'une couple de vases superbes. Un couple de pigeons suffit pour notre déjeuner. Il n'y a point de délices que l'on puisse comparer à ceux que procure une bonne action. Une de mes plus grandes délices était surtout de laisser toujours mes livres bien encaissés, et de n'avoir point d'écritoire. J'ai vu votre sœur; le pauvre enfant était désolé. Votre frère s'est fait beaucoup de mal; ce pauvre enfant ne pleurait pas. Ce cheval a parcouru cette grande espace en deux heures. J'ai acheté cinquante jolis exemples pour mes écoliers. N'oublions jamais les belles exemples de nos ancêtres.

2e. *Exercice*. Bossuet était une foudre d'éloquence, comme Turenne était un foudre de guerre. La foudre est tombée sur cet arbre. J'ai rencontré trois gardes nationales; ils faisaient partie de la garde nationale d'Amiens. Les méchants ne connaissent pas les gens de bien, car de tels gens évitent leur compagnie. Toutes les honnètes gens s'intéressent toujours à un jeune homme vertueux. Ces gens-là sont folles. Certaines gens m'approuveront d'en agir ainsi. Ce sont certaines gens d'affaires peu délicats. Quelles braves gens que ces gens-là! Des pleurs ont coulé de mes yeux en entendant chanter l'hymne si beau et si touchant de l'assomption de Marie. La vie de Turenne est un hymne à la louange de l'humanité. L'hymne de la fête de tous les Saints me ravit chaque fois qu'on le chante.

3e. *Exercice.* Les domestiques mangent dans un grand office. J'ai assisté hier à l'office divin. Cet architecte a fait un bel office. On admirera toujours les belles œuvres de Rossini. Châteaubriand a fait de belles œuvres. Les beaux œuvres de Racine et de Corneille orneront ma bibliothèque. Les belles œuvres des musiciens italiens l'emportent sur celles des musiciens français. Monsieur, avez-vous de l'orge mondée et de l'orge perlée? L'orge que j'ai semé au mois de mars est très-beau. J'ai vu de bons orgues dans les églises que j'ai visitées ; j'en ai surtout entendu une qui m'a paru la meilleure de toutes celles que j'avais entendues. La première orgue qu'on entendit en France avait été donnée à Pépin-le-Bref par l'empereur Constantin Copronyme. Quelque chose qui nous est arrivé vous surprendra. Nous avons encore quelque chose de très-supérieure. Quelque chose qu'il m'a dit, m'a surpris. Quelque chose qu'il m'ait dit, je ne l'ai point écouté. Quelque chose est promise à mon fils.

CHAPITRE DEUXIÈME.

EXERCICES SUR L'ARTICLE.

159. Le monde fut créé pour homme C'est un bon tailleur pour l'homme.

L'amour de vertu rend toujours l'homme heureux. C'est un acte de la vertu. Telle est la forme de gouvernement français. Je n'aime pas à entendre parler de guerre de Russie.

160. Les père, mère, fils et fille vont chaque jour à la messe. Les officiers et soldats restèrent sur le champ de bataille. Les riches, pauvres, grands et petits sont sujets à la mort.

161. La pauvreté n'est pas vice. Les prières, les offres, les menaces, rien n'a pu l'ébranler. Les deux autres chambellans firent des grands éclats de rire des bons mots qu'Irax avait dits. Les auteurs du siècle de Louis XIV, avec des mots simples, ont exprimé des grandes pensées. Des forêts des noirs sapins nous ombrageaient tristement à droite. Les Juifs n'adorèrent plus des divinités étrangères.

162. De toutes les femmes elle est le plus heureuse. C'est auprès de ses enfants que cette mère est le plus heureuse. Les arts du premier besoin ne sont pas le plus considérés. C'est elle qui travaille le plus.

CHAPITRE TROISIÈME.

EXERCICES
SUR L'ADJECTIF QUALIFICATIF.

163. Le temple saint, la famille distingué, la loi sacré, la récompense promis aux écoliers sage, l'oracle ambigu et obscur des dieux du paganisme, la princesse vertueux, sage et éclairé, la femme ménager et actif, la puissance de Dieu est grand et infini. Le port vaste, l'homme sage, l'estime public.

164 et 165. Elle dort la tête nue, elle dort nue-tête, il marche nus-pieds. Je vous ai attendu une demie-journée. Il est une heure et demie. Mon cheval ne mange qu'une demie-botte de foin par jour. Dans les pays chauds, les enfants vont nus-pieds, et les femmes pieds nus. Il est deux heures et demies. Il demeure à une demie-lieue d'ici. Il est midi et demie.

166. Ma feu grand'mère m'aimait beaucoup. La feue reine était aimée de tout le peuple. Feue mon oncle

était un honnête homme, et feue ma tante était une femme respectable. Je venais souvent visiter ces lieux avec ma feu sœur ; feu mon frère y venait avec nous.

167. Arthémise et Lucrèce chaste, la vertu et le vice contraire, la mère et la fille soigneuse. L'histoire et la géographie utile, le roi et le peuple ami, la reine et la princesse vertueuse, le roi et la reine bon, le serviteur et la domestique vigilant. Armez-vous d'un courage et d'une foi nouveaux. Nous devons éviter les mots et les actions défendus. Le roi et la reine grands et généreux.

168. Il a une aménité, une douceur enchanteresses. Turenne avait un courage, une intrépidité extraordinaires. Aristide avait une modestie, une douceur peu commune. Il a toujours montré une réserve, une retenue dignes d'éloges.

169. La perception ou l'impression occasionnées dans l'âme par l'action des sens, sont la première opération de l'entendement. C'est un

homme ou une femme agés. Le goût du jeu, fruit de l'avarice et de l'ennui ne captive jamais qu'un esprit ou un cœur vides.

170. Marchons droits devant nous. Je trouve vos étoffes cher ; vous les vendrez bien cher. Nous en sommes sortis les mains net. Cette maison rapporte quatre mille livres net par an. Mes lettres sont toujours franches de port. Vous recevrez franches de port les lettres que je vous enverrai.

171. J'ai acheté hier des taffetas gros-verts, des étoffes rose-tendres, bleues-claires. Elle vend des chapeaux rose, des étoffes cramoisie, des souliers mordorés.

172. Il taquine toujours ses camarades ; c'est un enfant cruel. La chose a été arrêté d'une voix commune. Napoléon était un homme grand. C'est une femme sage qui l'a accouchée. Rome fut féconde en hommes grands. Tout fut détruit par le général déluge. Le nouveau vin n'est pas cher cette année.

174. Les historiens assurent que Cléopâtre parlait avec facilité les langues grecques, romaines, hébraïques, arabes, éthiopiennes, et celles des Syriens et des Parthes. J'ai lu les auteurs anciens et les modernes. Il vend des vins français et des étrangers.

175. Ce jeune homme a l'air abattu. Cette demoiselle a l'air parisienne, elle a l'air grande et noble. Elles affectent des airs hautaines. Cette anecdote a toute l'air d'un conte.

177. Voyez-vous cet haricot dont la tige s'accroche à cet muraille. Cet histoire est bien belle. Cet héros mourut jeune. Cet habit est bien fait. Cet robe vous sied bien.

178. Se que vous dites est vrai. Voilà tout se que vous savez. Ce qui soutient l'homme au milieu des plus grands revers, s'est l'espérance. Le premier hommage que reçoit l'homme d'un mérite supérieur, s'est la haine des sots.

179. Un écolier laborieux contente toujours leurs maîtres. Ils ont contribué à cet acte de bienfaisance se-

lon ses moyens. Les enfants sages sont aimés de son père et de sa mère. Un père aime leurs enfants, mais il déteste ses vices.

180. J'aime son ardeur pour le travail et son douceur envers tout le monde. Sa robe et sa chapeau sont très-beaux. Joab fit annoncer à David que ses ennemis avaient été taillés en pièces, que son fils avait été tué, et que son mule s'était échappée et avait laissé son maître suspendu à un chêne par son chevelure.

181. Respectez vos père et mère, aimez vos frères et sœurs. Mes chers et mes bons parents m'aiment beaucoup. J'ai parcouru ses vastes et ses riches appartements. Tes père et mère honoreras, afin que tu vives long-temps.

182. Le commandant phénicien arrêtant les yeux sur Télémaque, croyait se souvenir de l'avoir déjà vu. Je me fais ma barbe. M. Purgon m'a défendu de découvrir la tête. Il se coupe ses cheveux lui-même.

183. Je lui ai parlé entre quatre

yeux. Ce cheval me coûte deux cents-quatre-vingt francs. Il a deux cent chevaux, j'en ai six cent. Il paraît que votre oncle est bien riche ; il en a des cent, des millions. J'ai compté quatre milles lignes, avant d'arriver à l'article deux cents. Les milles de Suède sont plus longs que les mille d'Allemagne.

185. On ne lui a fait aucune funérailles, nul devoir ne lui a été rendu. Je n'ai fait aucun frais. Il n'a aucun gage dans cette maison. Je n'ai lu ceci dans aucune annale.

186. Ces livres me coûtent trois francs chaque. Combien coûtent trois cents chevaux, à raison de cinq cent-dix francs chaque. Chaque pays ont leurs plantes particulières.

187 et 188. Il lui ressemble beaucoup, il a les même gestes, les mêmes manières. On admire mêmes ses gestes. Vous retombez dans les mêmes alarmes. Les dieux eux-même devinrent jaloux des bergers. Les animaux, les plantes mêmes étaient au nombre des divinités égyptiennes.

189. Quelque soit son talent, quelque soit sa fortune, il trouve encore son rival. Quelques puissent être ses amis, quelques soient ses protections, il ne réussira pas. Les biens quelqu'ils soient sont méprisables. Quelles ques complaisances que vous ayez pour lui, quelques preuves d'amitié que vous lui donniez, il est toujours ingrat. Quelles que richesses que vous ayez, vous ne devez pas vous enorgueillir. Quelque vastes connaissances que l'on possède, quel que esprit, quel que heureuse disposition que l'on ait, on ne doit pas s'en prévaloir. Quelques riches, quelque heureusement doués que nous soyons, nous ne devons pas en tirer vanité. Sa mère est morte à quelques soixante ans.

190-193 compris. Tout les jeunes gens ne suivent pas le chemin de la vertu. Toute homme meurt. Tout le ciel, tout la terre est à lui. Elle est toute à vous, toute à son devoir. Elle est toute affligée de cette nouvelle. Ma sœur toute généreuse qu'elle est, toute affable qu'elle me semble, s'est montrée infléxible. Elle est toute confuse, tout stupéfaite. Nous étions tous yeux, toutes oreilles. Elle est tout zèle. Voilà du mérinos, toute laine.

CHAPITRE QUATRIÈME.

EXERCICES SUR LE PRONOM.

194. Les fleurs et les fruits auquel il donnait ses soins sont détruits. Il a obtenu la place à la quelle il aspirait. L'homme pour lequel je plaide, à laquelle je m'intéresse est digne de ma protection.

195. J'étudies ma leçon, il finis son devoir. Je leur pardonnons les fautes qu'ils ont commises. Presque tous les écoliers emploie mal leur temps. Nous louerez toujours le courage de cet homme. Si tu pardonne de bon cœur à tes ennemis, Dieu te pardonneras aussi. Il la nous fera voir, si nous voulons. Je les conterai une belle histoire, car je leur aime beaucoup. Moi et mon domestique nous irons demain à la ville. Madame,

vous êtes prudentes. Jeune homme, vous êtes un peu étourdis.

197 et 198. Molière a surpassé Plaute dans ce qu'il a fait de meilleur. Idoménée revenant à lui remercia ses amis. Le chat ne paraît sentir que pour lui. Seigneur que tant de profanations, que les armes traînent après elles, vous fassent enfin jeter des yeux de pitié sur votre église. L'avare qui a un fils prodigue n'amasse pas pour lui.

199. Est-ce que nous sommes la cause qu'ils s'en éloignent ? - Oui nous la sommes. Qu'appelez-vous douze hommes de bonne volonté? - Nous le sommes tous. Etes-vous la propriétaire de cette maison ? Oui, je le suis. Etes-vous la maîtresse de vos domestiques ! - Oui, je le suis. Etesvous médecins ? - Nous le sommes.

EXERCICES

SUR LE PRONOM POSSESSIF.

200. Tes discours trouveront plus d'accès que les mien. J'ai reçu la vôtre qui m'a fait beaucoup de plai-

sir. Il a encore ses parents, et je n'ai plus les mien. J'ai pris mes livres et les siennes.

SUR LE PRONOM DÉMONSTRATIF.

204. L'opulence et le repos sont à une si grande distance l'un de l'autre, que plus on approche de celle-ci, plus on s'éloigne de celui-là. Chacun sait que le corps périt, et que l'âme est immortelle, cependant on néglige celui-ci, et l'on ne s'occupe que de celle-là.

SUR LE PRONOM RELATIF.

205. Vous savez, madame la maréchale, qu'il y a une édition contrefaite de mon livre, qui doit paraître ces fêtes.

206. J'achèterai une belle robe pour votre sœur, que je trouve fort jolie. J'achèterai une maison dans cette ville, qui est bien bâtie. La déesse, en entrant qui voit la nappe mise.

207. L'arbre à qui je donne la préférence est le chêne. L'enfant à qui tout cède est le plus malheureux.

La lecture à qui il s'applique , le fatigue beaucoup.

208. Au moment auquel je parle, il est peut-être chez vous. Dans le temps auquel j'étais heureux, j'avais beaucoup d'amis. La cour dont je sors est défendue par un gros chien.

109. Ce n'est pas le bonheur après qui je soupire.

Du zèle de ma loi quoi sert de vous parer ?

Quoi ai-je à me plaindre? Les plus grandes fortunes sont ce auxquelles il faut le moins se fier.

210. On est heureux quand on est mère. On est heureux en mariage quand on est bien uni. On se battait en désespéré. On s'était cru ami , et l'on était ennemi.

211. On n'aime point , si on n'est aimé ; du moins on n'aime pas longtemps. Le lieu où on a reçu le jour a toujours des charmes pour nous, et on s'en éloigne avec regret.

213. Quiconque prend un mari doit s'attendre à lui être soumis. Quiconque est vraiment mère n'est plus

coquet. Quiconque de vous, messieurs, ne travailleront pas, seront punis.

214 et 215. Personne n'est venue. Je ne connais personne de plus instruit. Y eut-il jamais personne qui fût plus prudente ? C'est une personne bien instruit. Personne ne devient savante sans lire beaucoup. Je ne connais point de personne plus instruite que cette demoiselle.

216 et 217. Ils ont donné leur avis, chacun selon leurs vues. Ils ont contribué à cet acte de bienfaisance, chacun selon ses moyens. Ils ont donné chacun leur avis, selon ses vues. Les abeilles bâtissent chacune sa cellule.

218 et 219. Ils commencent par se louer l'un et l'autre, et ils finissent par se nuire l'un à l'autre ; ensuite ils se plaignent de l'un et de l'autre. Ces enfants s'excitaient les uns les autres. Ils sont venus me voir l'un l'autre. Ils me plaisent l'un l'autre. L'un et l'autre sont bons.

CHAPITRE CINQUIÈME.

EXERCICES
SUR L'ACCORD DU VERBE AVEC SON SUJET.

220. Votre cahier est bien sale. Cicéron étaient passionnés pour apprendre. Dieu es semblable à un bon père. Le vice est nuisible aux hommes. Les bons conseils est utiles aux jeunes gens. Vous parlons et nous écoutez. Il joues et j'étudies. Les Lépreux est guéri. L'évangile es annoncé aux pauvres.

221. Cicéron et Socrate fut trèscélèbres. Romulus et Rémus était frères jumeaux. Moi, vos enfants et votre femme vous irez à la ville. Vous et moi, vous partirez demain. Ni la faim ni la fatigue n'a abattu son courage. Ni votre sœur ni votre frère ne viendra.

222. Ni Louis ni Auguste n'auront le premier prix. Ni l'un ni l'autre ne me fera reculer. Ni l'un ni l'autre ne sont mon père.

223. L'éléphant, comme le castor,

aime la société de ses semblables. L'homme, ainsi que la vigne, a besoin de support. Son aménité, sa douceur nous charment. Livres, table, papiers, tout étaient renversé. Dans tous les âges de la vie, l'amour du travail, le goût de l'étude sont un bien. L'un ou l'autre viendront vous voir dimanche. D'où peut venir alors cet ennui, ce dégoût ?

224. Une foule d'ennemis s'offrirent à nous. Une foule de courtisans l'applaudissaient. La moitié du genre humain est abruti. Le tiers des enfants sont morts au bout de dix ans. Une foule d'enfants, attirés par ce spectacle, encombrait la rue. Une foule d'enfants, composée d'écoliers, courait dans la rue. Un déluge de pleurs inondaient son visage. Une faible troupe de montagnards résistèrent à cette armée aguerrie. Le peu de jours que les dieux me destinent encore à passer sur la terre, sera environné de gloire et d'honneurs. Peu d'hommes est heureux. Je fus révolté du peu de confiance qu'elle avait eue

en mon amitié. Mais d'où viennent ces difficultés, si ce n'est du peu d'application qu'on y a donné jusqu'ici ? Le peu de sûreté que j'ai vue pour ma vie, à retourner à Naples, m'y a fait renoncer pour toujours. Le peu de chevaux qu'on nous a donnés, étant exténués, n'a pu nous servir.

225. Ce n'est pas les Troyens. On imprime beaucoup d'ouvrages de religion et de morale ; ce sont de bons livres qu'il faudrait répandre parmi le peuple. C'est mes enfants. Bien loin d'être des demi-dieux, ce n'est pas même des hommes.

226. Je ferai tout mon possible pour plaire mon père. Aimons à Dieu notre créateur et à notre père. Pratiquons la vertu et fuyons au vice. Le sage loue de la vertu et méprise des richesses. Respectons à nos parents. La loi et la justice poursuivent aux méchants. La clémence convient les princes.

227. Un enfant doit chérir et obéir ses parents. Les écoliers ont désobéi et mal parlé de leur maître. Les

Français ont attaqué et pris plusieurs villes fortifiées. Le roi encourage et et donne des récompenses aux soldats courageux.

229. Il est toujours subvenu à mes besoins. Je suis recouru à la bonté du roi. Je suis marché toute la journée. Le célèbre prédicateur Massillon était fort couru. Il n'a survécu que dix ans à son frère.

230. Ce héros dans mes bras a tombé tout sanglant.

Il a revenu aujourd'hui. Il a arrivé plus-tôt que vous. Il est décédé ce matin à dix heures. Il a mort cette année dans un âge peu avancé.

231. Ce jeune homme m'est convenu beaucoup. Il est convenu de sa faute. Mon frère a monté dans sa chambre.

J'ai retenu le chant, les vers me sont échappés.

Il a demeuré long-temps en Suisse. Parti pour l'Angleterre, il y a demeuré.

Ce mot m'est échappé, pardonnez ma franchise.

La rivière avait monté trop haut,

pour qu'on pùt la traverser sans danger. Quand vous arriverez, j'aurai monté dans ma chambre.

232. L'un des deux compagnons
　　grimpa au faîte d'un arbre;
　　L'autre plus froid que n'est
　　　un marbre,
　　，Se coucha sur le nez, fit le
　　　mort, tient son vent.....

Je vous attendrai demain à midi. Mon frère partira ce soir pour Paris. Il revient dimanche. Je serai à vous dans un instant.

233. A-t-il bientôt écrit sa lettre? — Oui, il l'aura écrite dans un quart d'heure. A-t-il bientôt fini? — Oui, il a fini dans trois minutes.

234 et 235. Si vous croyez qu'il est coupable, je tâcherai de vous prouver le contraire. Je ne dis pas qu'il est mon ami.

Il semble qu'on ait là rassemblé
　　l'univers.

Il me semble que mon cœur veut se fendre en deux. Pensez-vous que ma protection lui est nécessaire. Si vous croyez qu'il est coupable, pourquoi ne le punissez - vous pas? Je crois qu'il ne lise pas beaucoup pendant la journée Si vous croyez qu'il ne fasse pas de mal, laissez-le faire. L'insensé! il ne croit pas qu'il y ait un Dieu.

236. Je vous donnerai des raisons qui vous convainquent. Il n'y a que l'homme et le singe qui aient des cils aux deux paupières. Télémaque est le plus bel ouvrage que la vertu a inspiré au génie.

La gloire est le seul bien qui nous puisse rester.

Quel est l'homme qui n'a pas d'orgueil? Croyez-vous, Télémaque, que votre vie est abandonnée aux vents et aux flots?

237. Il reviendra à moins qu'il ne pleut, avant qu'on lui écrit, afin que vous lui pardonniez sa faute. Quelque beau qu'est votre cheval, il ne vous l'achètera pas. Il travaille toujours quoiqu'il soit malade.

238. Vivons de manière qu'au moment de la mort nous n'ayons rien à nous reprocher. Faites en sorte que vous méritez son estime.

EXERCICES

SUR L'EMPLOI DES TEMPS DU SUBJONCTIF.

239. Je doute qu'il fait cela. Je doute qu'il a bien travaillé hier. Il semble qu'on ait juré de ne jamais s'entendre pour avoir le plaisir de disputer toujours. Je veux, j'entends qu'il vient. Je souhaite, j'aime qu'il se conduit bien. Si vous attendez que Philoclès a conquis l'île de Carpathie, il ne sera plus temps d'arrêter ses desseins.

240. Entre Taxile et vous, s'il fallait prononcer,
Seigneur, le croyez-vous,
qu'on me voie balancer.
Supposons d'ailleurs qu'une religieuse pût sortir de son cloître à volonté, nous demandons si cette femme serait heureuse. Je doute qu'il ait bien travaillé hier, si vous n'eussiez été avec lui. Je doute qu'un homme de bien consente jamais à une bassesse, quand même on lui offrirait les plus grands avantages.

241. Je craignais que le ciel, par un cruel secours,

Ne vous offre la mort que
vous cherchiez toujours.

Ils trouvèrent mauvais que je n'aie
pas songé plus sérieusement à les
faire rire. Quoiqu'ils aient éprouvé la
tyrannie, les Russes se soumirent à
un jeune homme, sans rien exiger
de lui.

Je voudrais seulement qu'on vous
l'ait fait connaître.

Il me semblait que nous eussions
dû nous rendre de Pergame à
Adramytti.

EXERCICES

SUR LE PARTICIPE PRÉSENT ET SUR L'ADJECTIF VERBAL.

243 et 244. J'ai vu des écoliers
intéressants leurs maîtres, tremblant
de leur déplaire, et pleurants quand
ils en recevaient le moindre reproche.
J'ai vu des personnes souffrant cruel-
lement. J'ai vu des enfants obéissants
à l'envi, et volants au devant des dé-
sirs de leur mère. Ces pauvres enfants se sont blessés en jouants.

Regarde ces Drusus s'élançant
vers la gloire,

Ces Décius mourants pour vivre en la mémoire.

Combien de pères, tremblants de déplaire à leurs enfants, sont faibles et se croient tendres ! Nous sentions la terre agitée, tremblante par secousses. Les rues sont remplies de ces enfants interessants, tremblant de froid et mourant de faim. Son visage pâle et défiguré changeait à tout moment de couleur, on voyait ses membres tremblant. Il retire son épée toute fumant et toute pleine de sang pour la plonger dans ses propres entrailles. J'ai vu des personnes souffrant et résignées. Ces petits enfants avaient de beaux cheveux flottant sur leurs épaules. Nous passâmes toute la nuit, tremblant de froid et demi-morts, sans savoir où la tempête nous jetait.

EXERCICES
SUR LE PARTICIPE PASSÉ.

245. La justice rendu au peuple. Les bonnes œuvres opéré par St. Vincent de Paul. L'Espagne déchiré par des guerres intestines soutenu

par l'ambition. La contrée ravagé par la peste. Les préjugés détruit.

246. Les laboureurs sont estimé chez tous les peuples. Les méchants sont puni tôt ou tard. Vos lettres ont été remise à la poste. Ils furent contraint et forcés de capituler.

247-250 compris. Les livres que vous m'avez donné, je les ai lu avec plaisir. J'ai lu les livres que vous m'avez prété. Cet homme nous a toujours servi fidèlement. Votre livre nous a bien servi. Il nous a visé et il nous a manqués. Le temps nous a manqués. Dieu a créé l'âme, il l'a fait à son image, et l'a rendu capable de l'aimer et de le connaître. J'étudie aujourd'hui la leçon que j'ai oubliée d'apprendre ; et demain j'étudierai celle qu'on m'a donnée à apprendre. Pour juger de la propagation miraculeuse de la religion chrétienne, il faut considérer les obstacles qu'elle a eu à surmonter. Les acteurs que j'ai vu jouer, je les ai entendus applaudir. Je les ai envoyés chercher. J'ai vu ces jeunes gens, et je les ai entendus chanter. Les arbres que vous avez planté, je les ai vu croître, et je les ai vus abattre. Je les ai vu courir, et je les ai vu arrêter. Je les ai entendus plaindre, et je les ai entendus se plaindre. C'est une comparaison que j'ai entendue faire. Je les ai faits punir, et je les ai fait sortir. Voilà, mon fils, le sujet des larmes que tu m'as vu verser.

Combien en a-t-on vu, jusqu'aux pieds des autels,
Porter un cœur pétri de penchants criminels !

Les grandes chaleurs qu'il a faites cette année, ont beaucoup nui à la récolte. Que de peines ma mère s'est donné pour nous élever ! Les fêtes se sont succédées. Ces jeunes gens se sont plus dès qu'ils se sont vus. Ils se sont cru perdus. Elle s'est proposée de peindre ma sœur, et ma sœur s'est proposée ensuite pour la peindre. Sa maison s'est bâti en deux mois. Elle s'est blessée, elle s'est donnée la mort. Elle s'est laissé tomber, elle s'est laissé relever. Le peu de peine qu'il s'est donné l'a fatigué. Le peu de peine qu'il s'est donné me prouve son indifférence.

251. Excepté la vertu, tout passe comme un songe. Les habitants furent passés au fil de l'épée, les femmes et les enfants excepté. Il a tout vendu, y compris sa maison. Il a obtenu son congé, attendue son infirmité. On ne peut se fier à vous, vue votre légèreté.

CHAPITRE SIXIÈME.

EXERCICES

SUR L'ADVERBE, LA PRÉPOSITION ET LA CONJONCTION.

252. Je les ai vus alentour de leur mère. Il est arrivé auparavant lui. J'irai à la chasse aussitôt mon déjeuner. Elle est dehors du jardin. Il est dans la maison. Il est dessus la muraille. Le chat est dessous la table. J'ai davantage de plaisir.

253. Ernest est davantage aimable que Paul. Il a perdu davantage qu'il n'a gagné. De tous les amusements, la chasse est celui que j'aime davantage.

256-261 compris. Mon Père est aussi riche comme le votre. Cette maison est aussi belle comme la sienne.

Il est si à son aise , et je suis si en colère. Vous êtes arrivé si à propos. Le lynx ne court pas tout de suite comme le loup. Je crois que si l'on pouvait oublier que l'on est malade, on serait de suite guéri. Cet enfant ne travaille pas guère. On ne le voit même pas jamais travailler.

262. Au travers les périls un grand cœur se fait jour.

A travers des murmures flatteurs des courtisans, Sully faisait entendre la voix libre de la vérité. Il a passé au travers les forêts. Ces enfants passent à travers les jardins.

266. C'est un bon ouvrier en cuivre, or et argent. J'ai été à la messe , vêpres et salut. Cette petite fille est toujours auprès de sa mère et son père. Lequel fut plus éloquent de Démosthène ou Cicéron?

267-274 compris. Cet enfant travaille beaucoup , ne joue guères. Il mange , boit bien. Paul ne boit pas de vin et de bière. Il ne mange et ne boit. C'est une gande misère que de n'avoir pas assez d'esprit pour bien parler et assez de jugement pour se taire. Plus je travaille, et plus je veux travailler. Moins vous travaillerez et moins vous voudrez travailler.

Moins un bon père est craint, et plus il est adoré.

Lorsque vous saurez votre leçon, et lorsque vous voudrez la réciter, vous me le direz. Comme il était instruit et comme chacun le consultait. Lorsqu'il fut arrivé, et lorsqu'il se fut reposé. Par ce que vous dites la vérité, on vous croira. Par ce que vous dites, je vois que vous avez raison. Quoique vous disiez la vérité, on ne vous croit pas. Quoique vous fassiez, vous ne réussirez pas.

CHAPITRE SEPTIÈME.

RÉCAPITULATION GÉNÉRALE.

1er. *Exercice.* La France a enfanté des Homère et des Virgile, des Turenne et des Condés, des Scipion et des Annibals. Les Corneilles et les Racines ont illustré la scène française. Il m'étourdit avec ses pourquois. Il ne sait dire que des ouis et des non. J'aime beaucoup les macaroni. Dites cinq paters et cinq avé. J'ai compté quatre alinéa dans une page. La plupart des prières finissent par des amen. Je lui ai donné deux récépissé. Il y a dans ces opéra des duos fort estimés. Les portes-drapeaux du régiment marcheront les premiers. Ces contres-temps font beaucoup de tort à la récolte. On voit beaucoup de chats-huant dans les bois. Un bon chasseur doit toujours avoir dans sa carnassière des tires-balle et des tire-bourres. Les Tonnéliers se servent de tire-fonds. Il y a en France quatre-vingt-six chefs-lieu de Préfecture.

Certaine couple d'amis en un bourg établie.

2ᵉ. *Exercice.* Voulez-vous manger un couple d'œufs ? Proposons-nous de grandes exemples à imiter plutôt que de vains systèmes à suivre. Tous les délices que nous donne le monde, sont souvent corrompus. Votre sœur est un bel enfant. Les foudres lancées par le pape. De tels gens sont heureuses. Coffin a composé une partie des beaux hymnes du bréviaire de Paris. On chante encore aujourd'hui les hymnes composées par Santeuil. Quelque chose que vous ayez fait, il ne vous dira rien. Prenez garde de dire quelque chose qui ne soit vraie. C'est un enfant de famille qui habite cette maison. Il parle souvent de guerre de Russie. La méchanceté, rigueur, dureté, la malice sont insupportables à un cœur sensible. Le mérite, vertus, doivent beaucoup à la modestie qui rehausse leur éclat.

3ᵉ. *Exercice*. Ce jeune homme est doué des grandes qualités. Les philosophes nous ont donné des sages préceptes et d'utiles leçons. C'est la langue que j'aime la mieux. La nation sage et éclairé, l'homme instruit, l'action défendu, la table rond, le ruban vert, l'épi blond, la prairie vert, la montagne haut et inaccessible. Il n'a que la nu-propriété de ce bien. Il est midi et demie. Ils ont fait plus de dix lieues et demies sans manger. Une demie minute vaut trente secondes. Néron et Domitien cruel, la mère et la fille content, Adam et Ève misérables, le père et la fille prudents, le conte et l'histoire amusants, mesdemoiselles vous vous tenez mal , marchez donc droit. Il a la barbe châtain-claire. Votre frère aime beaucoup la gaîté. - Oui, c'est un plaisant homme. Mon fils étudie la langue fançaise, l'anglaise et l'italienne , et il s'occupe de la littérature espagnole , de la portugaise et de l'allemande.

4e. *Exercice.* Votre demoiselle a l'air triste et affligée. Cette mère aime beaucoup ces enfants. Un député gaulois vint trouver Annibal dans leur camp. Il combattait à la tête d'une armée de quatre-vingts milles hommes. Il naquit l'an mille-sept-cents-quatre-vingts. Artaxercès commandait une armée de neuf cents mille hommes en l'an quatre cents-cinq. On prétend que Salomon avait deux milles écuries de dix chevaux chaque. On l'a trouvée toute en pleurs. J'ai trouvé ma mère tout malade, tout affligée , toute inconsolable de la perte de sa fille. Il a un courage , une intrépidité auxquels rien ne résiste. Quels sont celles de ces bonnes gens qu'on doit nous envoyer. Si tu fait l'aumône, tu en sera récompensé un jour. Il m'a demandé ce livre, et je lui le ai donné. Moi et Albert sommes tombés d'accord.

5ᵉ. *Exercice.* Un auteur peut dire : bien éloignés de nous croire égaux en mérite aux écrivains qui nous ont précédé, nous sommes nous-mêmes les premiers à reconnaître leur supériorité et notre faiblesse. C'est pour être utile à tes parents que je t'ai instruit. N'aimer que lui, c'est être mauvais citoyen. Il est des grands hommes qui ne les sont que par les vertus. Les astronomes, qui prétendent connaître la nature des étoiles fixes, assurent que c'est autant de soleils. Le cheval sur qui je suis monté. Le moment auquel j'aspire n'est pas éloigné. Nous sommes perdus si on en décide autrement. On ne fait jamais bien, si on n'est à sa place. Il y a des défauts qu'on cache soigneusement, et des habitudes qu'on quitte avec peine.

6ᵉ. *Exercice.* Ils ont parlé chacun dans leur sens. La plupart des commentateurs se sont donné la peine de dessiner cet édifice, chacun à leur manière.

L'un l'autre à ces mots ont levé le poignard.

L'homme sage attends tout de la povidence. Le sage loues la vertu. Les bons citoyens défendes la patrie. La paresse conduis les écoliers à l'ignorance. Les solitaires manquait de tout; ils se réjouissait de la pauvreté. Les murailles et la ville fut détruite. Mon père, moi et mes frères ont travaillé assidûment. Si notre être, si notre substance ne sont rien, tout ce que nous bâtissons dessus, que peut-il être? Jeunesse, fraicheur, grâces, esprit, tout sont disparus. Ma sœur, ou mes frères ira. Si une foule d'autres peintures fait honneur à son génie, celle ci a toujours honoré son caractère.

7ᵉ. *Exercice.* Une troupe d'enfants autour de lui s'empressent. Je ne parlerai pas du peu de capacité que j'ai acquis dans les armées. Suivons aux bons exemples de nos ancêtres. La chasse plaît les jeunes gens. On admire aux hommes vertueux, mais on ne les imite pas. On loue aux gens de bien, et l'on suit l'exemple des méchants. Quittez et ayez honte du vice, parce que si vous vous livrez au crime, vous n'en sortirez jamais. Il a revenu bien tard. Il arrive ce soir et il partira demain. Pensez-vous que ma protection lui est nécessaire ? Croyez-vous qu'ils peuvent vous faire périr sans l'ordre des Dieux ? A moins que quelqu'un ne dit. A moins que je ne me fais illusion. J'habiterai un pays qui me plaise, que je puis parcourir sans crainte, dont la température est douce, et où je puisse faire des amis.

8ᵉ. *Exercice.* Quand je lus les guêpes d'Aristophane, je ne pensais guère que j'en doive faire les plaideurs. Je ne croyais pas que les Chinois aient été vaincus par les Tartares.

Mourant de faim et lassés de
  chercher,
Ils maudissaient la fatale aventure
D'avoir vaincu, sans savoir où
coucher.

Les vérités qui sont propres à rendre les hommes doux, humain, soumis aux lois, obéissant aux princes, intéressent l'Etat et viennent évidemment de Dieu. J'ai parcouru les pays environnants Paris. Les soldats, prévoyants les dangers qui les menaçaient, se mirent sur leur garde.

9e. *Exercice.* Les enfants parlant continuellement, ne peuvent guère faire autrement que de dire des sottises. Quand je suis à la campagne, je me plais à voir les troupeaux errants dans les champs, ou grimpant sur les collines; les chiens des bergers courants çà et là; les agneaux caressants leurs mères et bondissants auprès d'elles; les chants ravissant des oiseaux; la gaité des bergers dansant aux sons retentissant d'un chalumeau. L'armée ennemie dispersé, son camp pillé, ses bagages enlevé, ses munitions pris. Des prix sont réservé à l'écolier laborieux. Les vieilles coutumes sont abolis.

Combien en ai-je vu, je dis des plus huppés,

A souffler dans leurs doigts, dans ma cour occupé.

10ᵉ. *Exercice.* Ce sont des choses que j'ai pensées faire. Il m'a donnée une leçon à apprendre. Nous les eussions laissé passer tranquillement leur hiver à Paris. Les a-t-on vu marcher parmi vos ennemis? Ils étaient punis pour les maux qu'ils avaient laissé faire. Moins il a désiré de gloire, et plus il en a obtenu. Ce cheval a coûté cent louis, il les a coûtés, il les a valu. Que de soins votre éducation m'a coûté! Que d'honneurs son habit lui a valu! Les soucis voltigent souvent alentour des lambris dorés. L'œil appartient à l'âme plus-tôt que tout autre organe. Le génie et la vertu marchent à travers des obstacles.

CHAPITRE HUITIÈME.

EXERCICES

SUR LES SIGNES ORTHOGRAPHIQUES.

Sur la Parenthèse.

276. Un père dit un jour à un instituteur : « Je vous confie mon en-

fant pour l'instruire et former ses mœurs ; tâchez qu'il ne s'écarte jamais du sentier de la vertu le père était un composé de vices. Prenez garde qu'il ne s'habitue à mentir le père était le plus menteur des hommes. Ayez soin qu'il ait le jeu en horreur le père avait sans cesse des cartes dans les mains. Avertissez-le souvent que rien n'est plus honteux que l'ivrognerie le père était le plus grand ivrogne qui eût jamais existé.

Dieu ne voulait pas la mort de son serviteur Jonas II.

A peine pourrons-nous jouir des fruits printaniers.

Sur le Tiret.

277. De temps en temps il levait les yeux au ciel , comme s'il voulait demander à Dieu une grâce particulière. Que signifie cela ? lui demanda le gentilhomme. Je prie Dieu, lui dit le Gascon. Est-ce qu'on prie quand on rase ? La prière est bonne en tout temps. Eh bien ! je veux que vous remettiez votre prière à une autre fois. Je ne puis pas. Pourquoi

ne le pouvez-vous pas? Parce qu'on prie Dieu quand on en a besoin. Mais quelle nécessité pressente avez-vous de prier Dieu? Puisque vous voulez que je vous le dise, jai une tentation violente de vous couper le cou, et je prie Dieu de me la faire surmonter. Comment, me couper la gorge! je vais vous faire sauter par la fenêtre. Remettez-vous, monsieur, j'ai vaincu la tentation; je puis à présent vous raser tranquillement.

Sur les Guillemets.

278. Socrate ayant été injustement condamné à la mort, un de ses disciples lui dit: Ce qui m'afflige le plus, c'est de voir que vous mourez innocent. Socrate lui répondit: Quoi donc, mon ami! aimeriez-vous mieux me voir mourir coupable?

CHAPITRE NEUVIÈME.

EXERCICES SUR LA PONCTUATION.

Sur la Virgule.

281. Je ne pense pas monsieur qu'il en soit ainsi. La vertu la douceur la gaîté et l'amitié deviennent les

qualités les plus séduisantes. Tout ce qui n'est point Dieu n'est rien et ne doit être compté pour rien. Le poisson qui vit dans l'eau le tigre qui rugit dans les forêts l'oiseau planant au milieu des airs l'insecte qui rampe sur la terre rencontrent partout leur nourriture. Le roi ayant trouvé le rapport comme il l'espérait s'empressa de l'approuver.

Sur le *Point Virgule*.

282. L'animal le plus fidèle est celui qui, sans l'espoir de l'intérêt, travaille pour le bien de son maître qui supporte ses injustices sans se plaindre qui, frappé lorsqu'il n'a pas tort, vient encore caresser ses pieds celui qui, sans penser à boire ni à manger, garde en sentinelle incorruptible le dépôt qui lui est confié qui enfin, blessé par une arme à feu, rend son dernier soupir avec la volonté bien prononcée de défendre la vie de son maître.

Sur les *Deux-Points*.

283. L'amour, la valeur, la générosité telles sont les qualités qui

distinguent les soldats français. Quelque éclatante que soit la renommée du juste, il rencontre toujours sur son chemin des détracteurs de sa conduite la jalousie est si méchante, qu'elle fait tout pour lui nuire. Le temps détruit tout le marbre et l'airain ne sont pas à l'abri de ses atteintes meurtrières.

Sur le Point simple.

284. Paris est la plus grande ville de France Sa population est aussi nombreuse Sa consommation en bestiaux et en blé surpasse celle du plus grand département Son commerce n'est pas étendu en proportion des besoins de la classe indigente.

Une jeune fille, assise au bord d'une fontaine, se plaisait à contempler sa beauté dans le miroir des eaux Cependant la soif se fait sentir Pour l'apaiser, elle puise de l'eau dans le creux de sa main Mais ce mouvement trouble l'onde; la coquette s'afflige et se plaint de ne plus rien voir Alors la Naïade, sortant de sa grotte, lui dit : « Attends le retour du calme que tu as troublé, et tu pourras te voir comme auparavant. »

Sur le Point admiratif ou exclamatif.

285. Oh Dieu plaignez un infortuné Oh oui, plaignez-le Le désespoir, hélas ne se présente à lui que comme son partage Que les amis sont peu nombreux qu'il est difficile d'en trouver.

Sur le Point interrogatif.

286. « Quelles personnes ont habité cette maison aussitôt qu'elle a été bâtie. -- Mes ancêtres, répliqua le prince. -- Qui l'a habitée avant vous reprit le philosophe. -- Mon père. -- Qui l'habite maintenant -- Moi, qui suis roi de Tartarie. -- Qui l'habitera après vous -- Le prince, mon fils. -- Seigneur, dit alors le philosophe, une maison qui change si souvent d'habitants, qui reçoit tour à tour tant de voyageurs, n'est point un palais, mais une hôtellerie. »

Sur les Points suspensifs.

287. C'était toujours le même

héros, ce n'était jamais le même sujet
Ce héros nous est enlevé Que ferons-
nous ? Quelle perte, grand Dieu !

Après avoir erré dans les bois,
cette femme éperdue est arrêtée par
des brigands. Dieu! quel spectacle
Eloignons de nos yeux ce tableau
déchirant.

FIN DES EXERCICES FRANÇAIS.